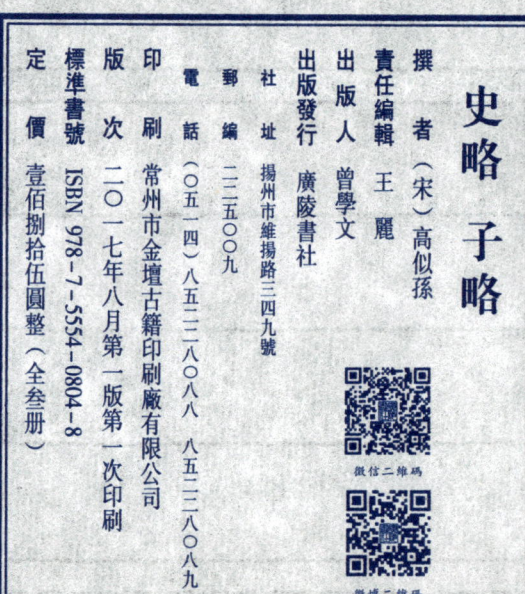

（宋）高似孫　撰

史略　子略

廣陵書社

中國・揚州

圖書在版編目（CIP）數據

史略・子略 /（宋）高似孫撰. -- 揚州 : 廣陵書社, 2017.8
（文華叢書）
ISBN 978-7-5554-0804-8

Ⅰ. ①史… Ⅱ. ①高… Ⅲ. ①史籍－考證－中國②古籍－題錄－中國 Ⅳ. ①K204②Z126

中國版本圖書館CIP數據核字（2017）第202981號

ISBN 978-7-5554-0804-8

史略　子略

撰　　者　（宋）高似孫
責任編輯　王　麗
出 版 人　曾學文
出版發行　廣陵書社
社　　址　揚州市維揚路三四九號
郵　　編　二二五〇〇九
電　　話　（〇五一四）八五二二八〇八八　八五二二八〇八九
印　　刷　常州市金壇古籍印刷廠有限公司
版　　次　二〇一七年八月第一版第一次印刷
標準書號　ISBN 978-7-5554-0804-8
定　　價　壹佰捌拾伍圓整（全叁册）

微信二維碼

微博二維碼

http://www.yzglpub.com　E-mail:yzglss@163.com

文華叢書序

時代變遷，經典之風采不衰；文化演進，傳統之魅力更著。古人有登高懷遠之慨，今人有探幽訪勝之思。在印刷裝幀技術日新月異的今天，國粹綫裝書的踪迹愈來愈難尋覓，給傾慕傳統的讀書人帶來了不少惆悵和遺憾。我們編印《文華叢書》，實是爲喜好傳統文化的士子提供精神的享受和慰藉。

叢書立意是將傳統文化之精華萃于一編。以内容言，所選均爲經典名著，自諸子百家、詩詞散文以至蒙學讀物、明清小品，咸予收羅，經數年之積纍，已蔚然可觀。以形式言，則採用激光照排，文字大方，版式疏朗，宣紙精印，綫裝裝幀，讀來令人賞心悦目。同時，爲方便更多的讀者購買，復盡量降低成本、降低定價，好讓綫裝珍品更多地進入尋常百姓人家。

可以想象，讀者于忙碌勞頓之餘，安坐窗前，手捧一册古樸精巧的綫裝書，細細把玩，静静研讀，如沐春風，如品醇釀……此情此景，令人神往。

讀者對于綫裝書的珍愛使我們感受到傳統文化的魅力。近年來，叢書中的許多品種均一再重印。爲方便讀者閲讀收藏，特進行改版，將開本略作調整，擴大成書尺寸，以使版面更加疏朗美觀。相信《文華叢書》會贏得越來越多讀者的喜愛。

有《文華叢書》相伴，可享受高品位的生活。

廣陵書社編輯部

二〇一五年十一月

出版説明

《史略》《子略》是頗有價值的目録學著作，南宋高似孫撰。似孫字續古，號疏寮，餘姚（今屬浙江）人。孝宗淳熙十一年（一一八四）進士，歷官校書郎、處州守等。著有《史略》《子略》《疏寮小集》《剡録》等。《史略》《子略》與《緯略》《騷略》，以及已經失傳的《經略》《集略》和《詩略》（同爲似孫所撰），共同構成了一整套關于我國古籍的目録學著作體系。略爲漢代圖書分類目録的名稱。《廣雅·釋言》：『略，要也。』二書分列史部、子部要籍，并附提要，故名曰《史略》《子略》。

《史略》，史籍專科書目，六卷。此書略依史家流别分卷，著録先秦至宋代各體史書。卷一記《史記》及有關史記著作；卷二記《漢書》至五代史等紀傳體史書；卷三記《東觀漢記》、歷代春秋、歷代紀、實録、起居注、會要、玉牒諸集；卷四爲史典、史表、史略、史鈔、史評、史贊、史草、史例、史目、通史、通鑑、通鑑參據書等；卷五爲霸史、雜史、七略、中古書、東漢以來書考、歷代史官目、劉勰論史等書；卷六爲古史，記有《山海經》《世本》《三蒼》《漢官》《水經》《竹書》諸籍。每書有書名、解題。或作提要，或輯録諸家評論，或轉録舊事，重要史籍如《史記》《漢書》等更是專列章目，列舉各種校本、注解本、音義書等參考書。該書無多發明，分類亦較雜亂，錯誤亦較多。然將宋以前各體史書匯爲一帙，甚爲可貴，許多宋以前的佚書賴以知之。楊守敬曰：『似孫以博奥名，其《子略》《緯略》兩書，頗爲精核。此書則遠不逮之，久而湮滅，良有由然。唯似孫聞見終博，所載史家體例，亦略見於此篇。又時有异聞，如所采《東觀漢記》，爲今四庫輯本所不載，此則可節取焉

耳。』(《史略》跋)不失爲公允之論。是書有南宋刊本、《後知不足齋叢書》本、《四明叢書》本、《古逸叢書》本等。

《子略》,子書專科目録,四卷。輯集諸家所見各種子書,自先秦兩漢的《陰符經》《老子》《韓非子》到唐代皮日休的《隱書》共三十八種。各標出書名卷數及諸家評論。如有注釋的書,則附列其書名。前有《子略目》一卷,列舉了《漢書·藝文志》、《隋書·經籍志》、《新唐書·藝文志》、庾仲容《子鈔》、馬總《意林》、鄭樵《通志·藝文志》裏的諸子書目,略注撰人、卷數于書名之下。或有諸家之注,以小字列其後。卷一至卷四爲子書提要,擇目中重要者釋之。凡《陰符經》《風後握奇經》《八陣圖》《鬻子》《六韜》《孔叢子》《曾子》《魯仲連子》《晏子》《老子》《莊子》《列子》《文子》《戰國策》《管子》《尹文子》《韓非子》《墨子》《鄧析子》《亢桑子》《鶡冠子》《孫子》《吳子》《范子》《鬼谷子》《吕氏春秋》《素書》《淮南子》《賈誼新書》《鹽鐵論》《論衡》《太玄經》《新序》《説苑》《抱朴子》《文中子》《元子》《皮子隱書》共三十八家,其中《説苑》《新序》合一篇,而《八陣圖》附于《握奇經》後,實則三十六篇。《陰符經》《握奇經》或因篇幅較短而全文録之。其中頗有所考證。元馬端臨《通考》多有引之。是書有《四庫全書》本、《四部備要》本、黎氏《古逸叢書》覆宋刻本、民國十六年陶湘覆咸淳刻《百川學海》本等。

此次整理出版,《史略》選取南宋刊本,并參校楊守敬《古逸叢書》本,《子略》以民國十六年年陶湘覆咸淳刻《百川學海》本爲底本,祇對原本中明顯錯訛之處進行修改,宣紙綫裝,以饗讀者。

廣陵書社編輯部

二〇一七年七月

（宋）高似孫　撰

史略

目録

史略卷三

史略卷四

史略卷五

史略卷六

史略序

太史公以來，載籍之作，大義粲然著矣。至於老蝕半瓦，着力汗青，何止間見層出。而善序事，善裁論，比良班、馬者，固有犖犖可稱。然書多失傳，世固少接，被諸籤目，往往莫詳，况有窺津涯、涉閫奧者乎？乃爲網羅散軼，稽輯見聞，采菁獵奇，或標一二，仍依劉向《七録》法，各彙其書，而品其指意。後有才者，思欲商榷千古，鈐括百家，大筆修辭，緝熙盛典，殫極功緒，與史并驅，其必有準於斯。寳慶元年十月十日修，十一月七日畢。似孫序。

史略卷一

史記 一百三十卷。

漢太史令司馬遷字子長撰。按《漢書·藝文志》云：『十篇缺，有録無書。』衛宏《舊儀》云：『武、景紀爲武帝削去。』遷殁之後，遂亡《景紀》《禮書》《樂書》《律書》《漢興以來將相年表》《三王世家》《日者》《龜策》《傅靳列傳》。元、成間，褚少孫補缺。

太史公自叙

太史公既掌天官，不治民。有子曰遷。遷生龍門，耕牧河山之陽。年十歲則誦古文。二十而南，游江、淮，上會稽，探禹穴，窺九疑，浮沅、湘；北涉汶、泗，講業齊、魯之都，觀夫子遺風，鄉射鄒、嶧，阸困蕃、薛、

彭城，過梁、楚以歸。於是遷仕爲郎中，奉使西征巴、蜀以南，略邛、筰、昆明，還報命。是歲天子始建漢家之封，而太史公留滯周南，不得與從事，發憤且卒。而子遷適反，見父於河、雒之間。太史公執遷手而泣曰：『予先，周室之史也。自上世嘗顯功名於虞、夏，典天官事。後世中衰，絶於予乎？女復爲太史，則續吾祖矣。今天子接千歲之統，封泰山，而予不得從行，是命也夫？命也夫！予死，爾必爲太史，毋忘吾所欲論著矣。且夫孝，始於事親，中於事君，終於立身。揚名於後世，以顯父母，此孝之大也。夫天下稱周公，言其能論歌文、武之德，宣周、召之風，達太王、王季思慮，爰及公劉，以尊后稷也。幽、厲之後，王道缺，禮樂衰，孔子修舊起廢，論《詩》《書》，作《春秋》，則學者至今則之。自獲麟以來四百有餘歲，而諸侯相兼，史記放絶。今漢興，海内一統，明主賢君，

忠臣義士，予爲太史而不論載，廢天下之文，予甚懼焉，爾其念哉！』遷俯首流涕曰：『小子不敏，請悉論先人所次舊聞，不敢闕。』卒三歲，而遷爲太史令，紬史記石室金匱之書。

二

余聞之先人曰：『虙戲至純厚，作《易》八卦。堯、舜之盛，《尚書》載之，禮樂作焉。湯、武之隆，詩人歌之。《春秋》采善貶惡，推三代之德，褒周室，非獨刺譏而已也。』漢興已來，至明天子，獲符瑞，封禪，改正朔，易服色，受命於穆清，澤流罔極，海外殊俗，重譯款塞，請來獻見者，不可勝道。臣下百官，力誦聖德，猶不能宣盡其意。且士賢能矣而不用，有國者耻也。主上明聖德不布聞，有司之過也。且余掌其官，廢明聖盛德不載，滅功臣賢大夫之業不述，墮先人所言，罪莫大焉。余所謂述故事，整齊其世傳，非所謂作也，而君比之《春秋》，謬矣。於是論次其文，十年而遭李陵之禍，幽於縲紲。乃喟然而嘆曰：『是余之罪夫！身虧不用矣。』退而深惟曰：『夫《詩》《書》隱約者，欲遂其志之思也。』卒述陶唐以來，至於麟止，自黄帝始。《五帝本紀》第一，《夏本紀》第二，《殷本紀》第三，《周本紀》第四，《秦本紀》第五，《始皇本紀》第六，《項羽本紀》第七，《高祖本紀》第八，《吕后本紀》第九，《孝文本紀》第十，《孝景本紀》第十一，《今上本紀》第十二。《三代世表》第一，《十二諸侯年表》第二，《六國年表》第三，《秦楚之際月表》第四，《漢諸侯年表》第五，《高祖功臣年表》第六，《惠景間功臣年表》第七，《建元以來侯者年表》第八，《王子侯者年表》第九，《漢興以來將相名臣年表》第十。《禮書》第一，《樂書》第二，《律書》第三，《曆書》第四，《天官書》第五，《封

禪書》第六，《河渠書》第七，《平準書》第八。《吴太伯世家》第一，《齊太公世家》第二，《魯周公世家》第三，《燕召公世家》第四，《管蔡世家》第五，《陳杞世家》第六，《衛康叔世家》第七，《宋微子世家》第八，《晋世家》第九，《楚世家》第十，《越世家》第十一，《鄭世家》第十二，《趙世家》第十三，《魏世家》第十四，《韓世家》第十五，《田完世家》第十六，《孔子世家》第十七，《陳涉世家》第十八，《外戚世家》第十九，《楚元王世家》第二十，《荆燕王世家》第二十一，《齊悼惠王世家》第二十二，《蕭相國世家》第二十三，《曹相國世家》第二十四，《留侯世家》第二十五，《陳丞相世家》第二十六，《絳侯世家》第二十七，《梁孝王世家》第二十八，《五宗世家》第二十九，《三王世家》第三十。《伯夷列傳》第一，《管晏列傳》第二，《老子韓非列傳》第三，《司馬穰苴列傳》第四，《孫子吴起列傳》第五，《伍子胥列傳》第六，《仲尼弟子列傳》第七，《商君列傳》第八，《蘇秦列傳》第九，《張儀列傳》第十，《樗里甘茂列傳》第十一，《穰侯列傳》第十二，《白起王翦列傳》第十三，《孟子荀卿列傳》第十四，《平原虞卿列傳》第十五，《孟嘗君列傳》第十六，《魏公子列傳》第十七，《春申君列傳》第十八，《范雎蔡澤列傳》第十九，《樂毅列傳》第二十，《廉頗藺相如列傳》第二十一，《田單列傳》第二十二，《魯仲連列傳》第二十三，《屈原賈生列傳》第二十四，《吕不韋列傳》第二十五，《刺客列傳》第二十六，《李斯列傳》第二十七，《蒙恬列傳》第二十八，《張耳陳餘列傳》第二十九，《魏豹彭越列傳》第三十，《黥布列傳》第三十一，《淮陰侯韓信列傳》第三十二，《韓信盧綰列傳》第三十三，《田儋列傳》第三十四，《樊酈滕灌列傳》第三十五，《張丞相倉列傳》第三十六，《酈生

陸賈列傳》第三十七,《劉敬叔孫通列傳》第三十八,《傳靳蒯成侯列傳》第三十九,《季布欒布列傳》第四十,《爰盎朝錯列傳》第四十一,《張釋之馮唐列傳》第四十二,《萬石張叔列傳》第四十三,《田叔列傳》第四十四,《扁鵲倉公列傳》第四十五,《吴王濞列傳》第四十六,《魏其武安列傳》第四十七,《韓長孺列傳》第四十八,《李將軍列傳》第四十九,《衛將軍驃騎列傳》第五十,《平津主父列傳》第五十一,《匈奴列傳》第五十二,《南越列傳》第五十三,《閩越列傳》第五十四,《朝鮮列傳》第五十五,《西南夷列傳》第五十六,《司馬相如列傳》第五十七,《淮南衡山列傳》第五十八,《循吏列傳》第五十九,《汲鄭列傳》第六十,《儒林列傳》第六十一,《酷吏列傳》第六十二,《大宛列傳》第六十三,《游俠列傳》第六十四,《佞幸列傳》第六十五,《滑稽列傳》第六十六,《日者列傳》第六十七,《龜策列傳》第六十八,《貨殖列傳》第六十九。

三

古者富貴而名摩滅,不可勝記,唯俶儻非常之人稱焉。蓋西伯拘而演《周易》;仲尼厄而作《春秋》;屈原放逐,乃賦《離騷》;左丘失明,厥有《國語》;孫子髕脚,《兵法》修列;不韋遷蜀,世傳《吕覽》;韓非囚秦,《説難》《孤憤》;《詩》三百篇,大氐賢聖發憤之所爲作也。此人皆意有所鬱結,不得通其道,故述往事,思來者,及如左丘明無目,孫子斷足,終不可用,退論書策,以舒其憤,思垂空文以自見。僕竊不遜,近自托於無能之辭,網羅天下放失舊聞,考之行事,稽其成敗興壞之理,凡百三十篇,亦欲以究天人之際,通古今之變,成一家之言。草創未就,適會此禍,惜其不成,是以就極刑而無愠色。僕誠已著此書,藏之名山,

傳之其人通邑大都，則僕償前辱之責，雖萬被戮，豈有悔哉！然此可爲智者道，難爲俗人言也。

諸儒史議

揚 雄

問太史遷，曰：實録。又曰：子長多愛，愛奇也。又曰：《淮南》説之用，不如《太史公》之用，《太史公》，聖人有取焉。

班 彪

太史令司馬遷採《左氏》《國語》，删《世本》《戰國策》，據楚漢列國時事，上自黄帝，下訖獲麟，作本紀、世家、列傳、書、表凡百三十篇，而十篇缺焉。遷之所紀，從漢元至武，則絶其功也。至於採經摭傳，分散百家之事，甚多疏略，不如其本。務欲以多聞廣載爲功，論議淺而不篤。其論術學，則崇黄老而薄《五經》；序貨殖，則輕仁義而羞貧窮；道游俠，則賤守節而貴俗功。此其大敝傷道，所以遇極刑之咎也。然善述序事理，辯而不華，質而不俚，文質相稱，蓋良史之才也。誠令遷依《五經》之法言，同聖人之是非，意亦庶幾矣。夫百家之書，猶可好也。《左氏》《國語》《世本》《戰國策》《楚漢春秋》《太史公書》，今之所以知古，後之所由觀前，聖人之耳目也。司馬遷序帝王則曰本紀，公侯傳國則曰世家，卿士特起則曰列傳，又進項羽、陳涉，而黜淮南、衡山，細意委曲，條例不經。若遷之著作，採獲古今，貫穿經傳，至廣博也。一人之精，文重思煩，故其書刊落不盡，尚有盈辭，多不齊一。若序司馬相如，舉郡縣，著其字。至蕭、曹、陳平之屬，及董仲舒並時之人，不記其字，或縣而不郡者，蓋不暇也。今此後篇，慎核其事，整齊其文，不爲世家，唯紀傳

而已。傳曰：『殺史見極，平易正直，《春秋》之義也。』

班固

太史公父子相繼纂其職，上記軒轅，下至於茲，著十二本紀，作十表、八書、三十世家、七十列傳，凡百三十篇，五十二萬六千五百字，成一家言。

二

贊曰：自古書契之作，而有史官，其載籍博矣。至孔氏纂之，上繼唐堯，下訖秦繆，唐虞以前，雖有遺文，其語不經，故言黄帝、顓頊之事，未可明也。及孔子因魯史記而作《春秋》，而左丘明論輯其本事，以爲之傳，又纂异同爲《國語》。又有《世本》，録黄帝以來至春秋時帝王公侯卿大夫祖世所出。春秋之後，七國并争，秦兼諸侯，有《戰國策》。漢興，伐秦定天下，有《楚漢春秋》。故司馬遷據《左氏》《國語》，采《世本》《戰國策》，述《楚漢春秋》，接其後事，訖於大漢，其言秦漢詳矣。至於采經摭傳，分散數家之事，甚多疏略，或有抵牾。亦其涉獵者廣博，貫穿經傳，馳騁古今，上下數千載間，斯已勤矣。又其是非頗繆於聖人，論大道，則先黄老而後《六經》；序遊俠，則退處士而進奸雄；述貨殖，則崇執利而羞賤貧。此其所蔽也。然自劉向、揚雄，博極群書，皆稱遷有良史之材，服其善序事理，辯而不華，質而不俚，其文直，其事核，不虚美，不隱惡，故謂之實録。嗚呼！以遷之博物洽聞，而不能以知自全，既陷極刑，幽而發憤，書亦信矣。迹其所以自傷悼，《小雅》巷伯之倫。夫唯《大雅》『既明且哲，能保其身』，難矣哉。

三

文章則司馬遷、相如。《公孫弘傳》贊。又曰：遷著書，成一家言，揚名後世。至以身陷刑之故，反微文譏刺，貶損當世。《典引》序。

范曄

司馬遷著《史記》，自太初以後，闕而不録。後好事者頗或綴集時事，然多鄙俗，不足以踵繼其書。《班彪傳》。

劉昭

司馬遷作《史記》，爰建八書。班固因廣，是曰十志。天人經緯，帝政紘維，區分原奥，開廣著述，創藏山之秘書，肇刊日之遐貫，誠有繁於《春秋》，亦自敏於改作。又曰：遷有承考之言，固深資父之力。又曰：昔褚先生補子長之削少，馬氏接孟堅之不畢，相成之義，古有之矣。《補後漢書志》序。

張輔 晉

司馬遷之著述，辭約而事舉，叙三千年事，唯五十萬言，班固叙二百年事，乃八十萬言，煩省不同，不如遷一也。良史述事，善足以獎勸，惡足以鑒戒，人道之常，中流小事，亦無取焉，而班皆書之，不如遷二也。毁貶朝錯，傷忠臣之道，不如遷三也。遷既造創，固又因循，難易益不同矣。又遷爲蘇秦、張儀、范睢、蔡澤作傳，逞辭流離，亦足以明其大才。故述辯士則藻辭華靡，叙實録則隱核名檢，此所以遷稱良史也。

葛洪

遷發憤作《史記》，其以伯夷居列傳之首，以其善而無報也。爲《項羽本紀》，以據高位者，非關有德也。及其叙屈原、賈誼，辭旨抑揚，惡事不避，亦一代之偉才。作《景帝本紀》，極言其短及武帝之過，帝怒而

削去。坐舉李陵降匈奴，下遷蠶室，有怨言，下獄死。宣帝以其官爲太史令，行太史公而已。《魏志》載明帝問王肅：『司馬遷以受刑之故，内懷隱切，著《史記》，非貶孝武，令人切齒。』故永平十七年詔曰：『司馬遷著書，成一家言，揚名後世。至以身陷刑之故，微文諷刺，貶損當代。』蓋爲此也。

裴駰

班固有言曰：『司馬遷據《左氏》《國語》，采《世本》《戰國策》，述《楚漢春秋》，接其後事，訖於大漢。其言秦漢詳矣。至於采經摭傳，分散數家之事，甚多疏略，或有抵牾。亦其所涉獵者廣博，貫穿經傳，馳騁古今，上下數千載間，斯已勤矣。又其是非頗謬於聖人，論大道，則先黄老而後《六經》；序游俠，則退處士而進奸雄；述貨殖，則崇執利而羞貧賤。此其所蔽也。然自劉向、揚雄博極群書，皆稱遷有良史之才，服其善序事理，辯而不華，質而不俚，其文直，其事核，不虚美，不隱惡，故謂之實録。』駰以爲固之所言，世稱其當。雖時有紕繆，實勤成一家，總其大較，信命世之宏才也。考校此書，文句不同，有多有少，莫辯其實，而世之惑者，定彼從此，是非相貿，真僞舛雜。故中散大夫東莞徐廣研核衆本，爲作《音義》，具列异同，兼述訓解，粗有所發明，而殊恨省略。聊以愚管，增演徐氏，采經傳并百家先儒之説，豫是有益，悉皆抄内。删其游辭，取其要實，或義在可疑，則數家兼列。《漢書音義》稱『臣瓚』者，莫知氏姓，今直云『瓚曰』。又都無姓名者，但云『《漢書音義》』。時見微意，有所裨補。譬嘒星之繼朝陽，飛塵之集華嶽。以徐爲本，號曰《集解》，未詳則闕，弗敢臆説。人心不同，聞見异辭，班氏所謂『疏略抵牾』者，

依違不悉辨也。愧非胥臣之多聞，子産之博物，妄言末學，蕪穢舊史，豈足以關諸畜德，庶賢無所用心而已。

王通

使陳壽不美於史，遷、固之罪也。裴晞曰：何謂也？子曰：史之失，自遷、固始也，記繁而志寡。又曰：遷、固而下，述作何其紛紛也。

王氏《中説》謂陳壽有志於史，依大議而削异端。使壽不美於史，遷、固之罪也。小蘇公作《古史》，謂其淺近而不學，疏略而輕信。恐皆非知太史公者，後學未以爲然也。

司馬貞

《史記》者，漢太史司馬遷父子之所述也。遷自以承五百之運，繼《春秋》而纂是史，其褒貶核實，頗亞於丘明之書。於是上始軒轅，下訖大漢，作十二本紀，十表，八書，三十系家，七十列傳，凡一百三十篇，始變《左氏》之體，而年載悠邈，簡册闕遺，勒成一家，其勤至矣。又其屬稿先據《左氏》《國語》《系本》《戰國策》《楚漢春秋》及諸子百家之書，

而後貫穿經傳，馳騁古今，錯綜隱括，各使成一國一家之事，故其意難究詳矣。比於班書，微爲古質，故漢晋名賢，未知見重，所以魏文侯聽古樂則唯恐卧，良有以也。逮至晋末，有中散大夫東莞徐廣始考异同，作《音義》十三卷。宋外兵參軍裴駰又取經傳訓釋作《集解》，合爲八十卷。雖粗見微意，而未窮討論。南齊輕車録事鄒誕生亦作《音義》三卷，音則微殊，義乃更略。爾後其學中廢。貞觀中，諫議大夫崇賢館學士劉伯莊達學宏才，鈎深探賾，又作《音義》二十卷，比於徐、鄒，音則具矣，殘文錯節，异旨微義，雖知獨善，不見傍通，欲使後人，從何準的。貞謏聞陋識，頗事鑽研，而家傳是書，不敢失墜。初欲改更舛錯，裨補疏遺，義有未通，兼重注述。然以此書殘缺雖多，實爲古史，忽加穿鑿，難允物情。

今止探求异聞，採摭典故，解其所未解，申其所未申者，釋文演注，又重爲述贊，凡三十卷，號曰《史記索隱》。

劉伯莊

班固云：『司馬遷據《左氏》《國語》，採《系本》《戰國策》，述《楚漢春秋》，接其後事，訖於天漢。』《左氏》者，謂左丘明爲《春秋經》作傳三十篇，其中記三皇、五帝、三王、五伯、卿大夫、士等居處族系之事也。《國語》者，亦左丘明所撰，起周穆王，訖敬王之末，又記諸侯等事，起魯莊公，訖春秋末。《系本》者，劉向云古史官明於古事者之所記，録黄帝、顓頊、帝告、堯、舜、夏、殷、周至時王，依及諸國系卿大夫名號，即太史公所取爲本紀、系家。《戰國策》者，記春秋之後，七國戰爭之事，以東、西周爲首，而及中山之國，其間戰鬥征伐謀臣説士從横之策也。《楚漢春秋》者，陸賈所記，起項氏、漢高，訖漢文帝，中間諸吕用事，故名《楚漢春秋》。訖於天漢者，自漢家太史所記高、惠、吕后、文、景及武帝天漢諸年之事也。

韓愈

司馬遷、相如、董生、揚雄、劉向之徒，尤所謂杰然者也。

柳宗元

參之太史，以著其潔。（《答韋中立書》）又曰：『峻如馬遷。』

劉知幾

古者刊定一史，纂成一家，體統各殊，指歸咸別。《史記》則退處士而進奸雄，《漢書》則飭忠臣而言主闕，斯並曩賢得失之例，良史是非之準，作者言之詳矣。

白居易

談之書，遷能修之。彪之書，固能終之。

皇甫湜

古史編年，至漢史司馬遷始更其制，而爲紀傳，相承至今無以移。出太古之軌，鑿無窮之門，作爲紀、傳、世家、表、志，首尾具叙録，表裏相發明，庶爲得中，以是無愧。太初已來，千有徐歲，史臣接躅，文人比踵，卒不能有所改張，奉而遵行，傳以相授，斯亦奇矣。

鄭覃

唐太宗言：『司馬遷《與任安書》，辭多怨懟，故《武帝本紀》多失實。』鄭覃曰：『武帝中年大發兵事邊，生人耗瘁、府庫殫竭，遷所述非過言。』《鄭覃傳》。

殷侑

《三史》爲書，勸善懲惡，亞於《六經》。

高佑元魏人

司馬遷、班固皆博識大才，論叙古今，曲有條章。

崔鴻北史

談、遷感漢德之盛，痛諸史放絶，乃鈐括舊書，著成《太史》。

續史記

按：《漢藝文志》有馮商所續《太史公》七篇。韋昭曰：『馮商受詔續《太史公》十餘篇，在班彪《别録》。商字子高。』師古曰：『《七略》云：「商，陽陵人，治《易》，事五鹿充宗，後事劉向。能屬文，與孟柳俱待詔，頗序列傳，未卒，病死。」』

史記注

裴駰《史記注》八十卷。宋南中郎外兵參軍，字龍駒，河東人。先是徐廣作《音義》，辨諸家异同，駰乃集之。

許子儒《史記注》一百三十卷。字文舉，叔牙子也，證聖天官侍郎。

王元感《史記注》一百三十卷。鄄城人，爲時儒宗，徐堅、劉知幾薦之，爲崇賢館學士。

陳伯宣《史記注》一百三十卷，今存八十七卷。貞元中上。

徐堅《史記注》一百三十卷。字元固，唐集賢院學士，齊聃之子，議者以堅文字如漢班氏。

李鎮《史記注》一百三十卷。開元十七年上，授門下典儀。

右《史記》注六家，今學者所見者裴氏注而已。兹用著見於此。

先公史記注 一百三十卷。

似孫叙曰：經始乎仲尼，終乎仲尼；傳疏始乎王弼、孔安國、鄭玄，終乎顔師古、孔穎達；史始乎太史公，終乎太史公；史注始乎裴駰、司馬貞、張守節，終乎先公太史。然則孰爲始、孰爲終哉？言其始，則前乎此孰可作也？言其終，則後乎此孰可繼也？嗚呼，此其所以爲事之極、功之至者乎？太史公述陶唐以來，至於麟止，自黄帝始，作本紀十二，表十，書八，世家三十，列傳七十，爲篇百三十，爲字五十二萬六千五百，爲《太史公書》。先公太史推本經傳，旁羅百氏，錯綜群言，凡五百萬言，爲《太史公書注》。嗚呼！繇典、謨而知堯、舜、禹，因誓、誥而推夏、商、周，無非辛甲典商史也，無非史佚典周史也。史無完史，孰考孰稽。太史公鑿天之初，完古之闕，成仲尼之所俟，涉獵貫穿，馳騁古今數千載間，前乎所未有，後乎所不得及，此其所以成始成終乎？先公太史深憫夫自劉向、揚雄，僅稱遷有太史才。班固之論，昧乎求備，是豈知太史公萬分一者？又悼夫司馬貞、張守節之傳此書者，往往背本而從末，疏古

而略今，亦未足以表章太史公之志。極意覃思，盡力此書，積功二十年，史注始成，足以答太史公之所望。（似孫）不肖，獲承先人緒業，唯念太史公執遷手泣曰：『予死，毋忘吾所論著，爾其念哉？』遷俯首流涕曰：『小子不敏，請悉論先人所次舊聞，不敢闕。』先公既絶筆，乃悉整以論正，與《太史公書》並傳，藏之名山，副在京師，以俟後聖君子。

史記雜傳

司馬貞《史記索隱》（三十卷。貞以徐廣、裴駰、鄒誕生、劉伯莊音釋疏舛，别加考摭，作此書，系以述贊。）

張守節《正義》（三十卷。唐開元中諸王侍讀，採諸家訓釋爲此書。）

劉伯莊《史記地名》（二十卷。）　竇群《史記名臣疏》（三十四卷。）

裴安時《史記纂訓》（二十卷。字適之，大中江陵少尹。）　李鎮《史記義林》（二十卷。曾注《史記》。）

右《史記》雜傳六家。又有葛洪《史記鈔》十四卷，擷其精語者。衛颯《史要》十卷，約其要言，以類相從者。張瑩《史記正傳》九卷，蓋瑩所自作。惟唐韓琬《續史記》一百三十卷，乃接《史記》以來事，止於唐，功亦偉矣。

史記考

譙周《古史考》（二十五卷。）

《史考》，蜀譙周所作。周以司馬遷《史記》書周、秦以上，或採俗語百家之言，不專據正經，於是作《古史考》十五篇，皆憑舊典，以糾遷之謬誤。晉司馬彪復以周爲未盡善也，條《古史考》中凡百二十二事爲不當，多據《汲冢紀年》之義，亦行於世。（見《司馬彪傳》。）古書有《周考》七十六篇，顔師古曰：『考周事也。』譙之名書蓋取此。周又著《法訓》八卷，《五教志》五卷，後爲晉義陽亭侯。

《考》中載：『呂不韋爲秦子楚行千金貨於華陽夫人，請立子楚爲嗣。及子楚立，封不韋洛陽十萬户，號文信侯。以詐獲爵，故曰竊也。』其所紀往往如此。

江南古本史記傳考

江南《史記》，爲唐舊本，但存列傳而已。其間有字誤者，有字多者，有字少者，有脱百餘字者，有一字之間義致大不同者，是爲天下奇書。初上蔡謝氏有録本，今略掇數字，於以見古本之精妙也。

《伯夷傳》今本『得孔子而益章』。江南本曰：「得孔子而名益章。」

《管晏傳》『管仲得用任於齊』。江南本曰：「管仲得用任政於齊。」

《老韓傳》：『君子得其人則駕，不得其人則蓬。』江南本「人」字並作「時」。

《莊子傳》：『申不害，京人也。』江南本曰「荆人也」。

《司馬穰苴傳》『軍法期而後者云何』。江南本曰「期而後至」。

右江南本同异凡四千三百五十條，今略舉四五端，一字之間，意味固自不同。最如《刺客傳》云『劍堅故不可拔』，而江南本作『劍豎』，尤爲有旨，劍堅安得不可拔耶？

史記音

徐廣《音義》十二卷。宋中散大夫，字野民，東莞人。劉伯莊曰：「徐中散《音訓》亦有泛説餘本异同，故稱一本，自是别記异文，了非解釋史義，而裴氏並引爲注，稍似繁雜。」

許子儒《音》三卷。曾注《史記》。　鄒誕生《音》三卷。梁人。

劉伯莊《音》二十卷。

史略卷二

漢書

漢尚書郎班固撰。固字孟堅，扶風人。初固作帝紀十二，表八，志十，傳七十。固卒，書頗散亡。章帝詔其妹昭與諸儒校輯於東觀，八表、《天文志》，是其補成者也。

班彪傳論

論曰：班彪以通儒上才，傾側危亂之間，行不踰方，言不失正，仕不急進，貞不違人，敷文華以緯國典，守賤薄而無悶容。彼將以世運未弘，非所謂賤焉恥乎？何其守道恬淡之篤也。

班固爲蘭臺令史，與前睢陽令陳宗、長陵令尹敏、司隸從事孟异共成《世祖本紀》。遷爲郎，典校秘書。固又撰功臣、平林、新市、公孫述事，作列傳、載記二十八篇，奏之。帝乃復使終成前所著書。固以爲漢紹堯運，以建帝業，至於六世，史臣乃追述功德，私作本紀，編於百王之末，厠於秦、項之列，太初以後，闕而不録。故探撰前紀，綴集所聞，以爲《漢書》。起於高祖，終於孝平、王莽之誅，十有二世，二百三十年，綜其行事，旁貫《五經》，上下洽通，爲春秋考紀、表、志、傳凡百篇。固自永平中始受詔，潛精積思二十餘年，至建初中乃成。當世甚重其書。

東觀漢記

時人有上言班固私改作史記，詔下京兆收繫。固弟超詣闕上書，具陳固不敢妄作，但續父所記，述漢事。

司馬彪後漢書

班固，字孟堅，右扶風人。幼有雋才，學無常師，善屬文，經傳無不究覽。彪撰《後漢書》，世不復見，今録其傳孟堅者於此。

張輔

司馬遷之著述，辭約而事舉，叙三千年事，唯五十萬言，班固叙二百年事，乃八十萬言，煩省不同，不如遷一也。良史述事，善足以獎勸，惡足以鑒誡，人道之常，中流小事，亦無取焉，而班皆書之，不如遷二也。毁貶朝錯，傷忠臣之道，不如遷三也。遷既造創，固又因循，難易益不同矣。又遷爲蘇秦、張儀、范雎、蔡澤作傳，逞辭流離，亦足以明其大才。故述辯士則藻辭華靡，叙實録則隱核名檢，此所以遷稱良史也。

范曄

贊曰：司馬遷、班固父子，其言史官載籍之作，大義粲然者矣。議者咸稱二子有良史之才。遷文直而事核，固文贍而事詳。若固之叙事，不激詭，不抑抗，贍而不穢，詳而有體，使讀之者亹亹而不厭，信哉其能成名也。彪、固譏遷，以爲是非頗謬於聖人。然其論議常排死節，否正直，而不叙殺身成仁之爲美，則輕仁義，賤守節愈矣。固傷遷博物洽聞，不能以智免極刑；然亦身陷大戮，智及之而不能守之。嗚呼！古人所以致論於目睫也。

顔師古漢書注例

《漢書》舊無注解，唯服虔、應劭等各爲音義，自别施行。至典午中朝，爰有晋灼，集爲一部，凡十四卷，又頗以意增益，時辯前人當否，號曰《漢書集注》。屬永嘉喪亂，金行播遷，此書雖存，不至江左。是以爰自

東晋，迄於梁、陳，南方學者皆弗之見。有臣瓚者，莫知氏族，考其時代，亦在晋初，又總集諸家音義，稍以己之所見，續厠其末，舉駁前説，喜引《竹書》，自謂甄明，非無差爽，凡二十四卷，分爲兩帙。今之《集解音義》，則是其書，而後人見者，不知臣瓚所作，乃謂之應劭等集解，王氏《七志》、阮氏《七録》並題云然，斯不審耳。學者又斟酌瓚姓，附著安施，或云傅族，既無明文，未足取信。蔡謨全取臣瓚一部，散入《漢書》，自此以來，始有注本。但意浮功淺，不加隱括，屬輯乖舛，錯亂實多。或乃離析本文，隔其辭句，穿鑿妄起。職此之由，與未注之前大不同矣。謨亦有兩三處錯意，然於學者竟無弘益。

《漢書》舊文，多有古字，解説之後，屢經遷易，後人習讀，以意刊改，傳寫既多，彌更淺俗。今則曲核古本，歸其真正，一往難識者，皆從而釋之。

古今异言，方俗殊語，末學膚受，或未能通，意有所疑，輒就增損，流遁忘返，穢濫實多。今皆删削，克復其舊。諸表列位，雖有科條，文字繁多，遂致舛雜，前後失次，上下乖方，昭穆參差，名實虧廢。今則尋文究例，普更刊正，澄蕩愆違，審定阡陌，就其區域，更爲局界，非止尋讀易曉，庶令轉寫無疑。

禮樂歌詩，各依當時律吕，修短有節，不可格以恒例。讀者茫昧，無復識其斷章，解者支離，又乃錯其句韵，遂使一代文采，空韞精奇，累葉鑽求，罕能通習。今並隨其曲析，剖判義理，歷然易曉，更無疑滞，可得諷誦，開心順耳。凡舊注是者，則無間然，具而存之，以示不隱。其有指趣略舉，結約未伸，衍而通之，使皆備悉。至於詭文僻見，越理亂真，

匡而矯之，以祛惑蔽。若泛説非當，蕪辭競逐，苟出异端，徒爲煩冗，秪穢篇籍，蓋無取焉。舊所闕漏，未嘗解説，普更詳釋，無不洽通。上考典、謨，旁究《蒼》《雅》，非苟臆説，皆有援據。六藝殘缺，莫睹全文，各自名家，揚鑣分路。是以向、歆、班、馬、仲舒、子雲所引諸經，或有殊异，與近代儒者訓義弗同，不可追駁前賢，妄指瑕纇，曲從後説，苟會局塗。今則各依本文，敷暢厥指，非不考練，理固宜然。亦猶康成注《禮》，與其《書》《易》相偕；元凱解《傳》，無係毛、鄭《詩》文。以類而言，其意可了。爰自陳、項，以訖哀、平，年載既多，綜輯斯廣，所以紀、傳、表、志時有不同，當由筆削未休，尚遺秕稗，亦爲後人傳授，先後錯雜，隨手率意，遂有乖張。今皆窮波討源，搆會甄釋。

字或難識，兼有借音，義指所由，不可暫闕。若更求諸别卷，終恐廢於披覽。今則各於其下，隨即翻音。至如常用可知，不涉疑昧者，衆所共曉，無煩翰墨。

近代注史，競爲該博，多引雜説，攻擊本文，至有詆訶言辭，掎摭利病，顯前修之紕僻，騁己識之優長，乃効矛盾之仇讎，殊乖粉澤之光潤。今之注解，翼贊舊書，一遵軌轍，閉絶岐路。諸家注釋，雖見名氏，至於爵里，頗或難知，傳無所存，具列如左。

二

初漢服虔等爲《音義》，又有晋灼、臣瓚等説，應劭亦爲《集解》，而蔡謨復捬注之。正觀中，太子承乾命師古裒集衆説。師古叔游，嘗撰《漢書决疑》，乃因其舊而作今注，時號師古爲班固忠臣。師古名籀，京兆人。

荀悦 字仲預，潁川之人，後漢秘書監。

服虔 字子慎，滎陽人，後漢尚書侍郎、高平令、九江太守，初名重，改名祇，後定名虔。

應劭 字仲瑗，一字仲遠，汝南南頓人，後漢泰山太守。

伏儼 字景宏，琅琊人。

劉德 北海人。

鄭氏 晋灼《音義》序曰不知其名，而臣瓚《集解》輒云鄭德。既無所據，今依晋灼，但曰鄭氏。景祐余靖校本云：鄭氏舊傳，晋灼《集注》云北海人，不知其名，而臣瓚以爲鄭德，今書但稱鄭氏。

李斐 不詳所出郡縣。

李奇 南陽人。

鄧展 南陽人，魏建安中爲奮威將軍，封高樂鄉侯。

文穎 字叔良，南陽人，後漢末荆州從事，魏建安中爲甘陵府丞。

張揖 字稚讓，清河人，一云河間人，魏太和中爲博士，止解司馬相如一傳。似孫曰：「司馬相如一傳最難注，予嘗注此傳，大費工力。張揖曾作《博雅》，通於名物，所以止注此傳。」

蘇林 字孝友，陳留外黄人，魏給事中、領秘書監、散騎常侍。黄初中遷博士，封安成亭侯。

張晏 字子博，中山人。

如淳 馮翊人，魏陳郡丞。

孟康 字公休，安平廣宗人，魏散騎侍郎、弘農太守、散騎常侍、中書令，封廣陵亭侯。

項昭 不詳何郡縣人。

韋昭 字弘嗣，吴郡雲陽人，吴尚書郎、太史令、中書僕射，封高陵亭侯。

晋灼 河南人，晋尚書郎。

劉寶 字道真，高平人，晋中書郎、御史中丞、安北將軍，侍皇太子講《漢書》，别有《駁義》。

臣瓚 師古曰不詳。景祐余靖校本云：臣瓚不知何姓。案裴駰《史記》序云莫知氏姓。韋稜《續訓》亦言未詳。劉孝標《類苑》以爲于瓚。酈道元注《水經》以爲薛瓚。姚察《訓纂》云：案《庾翼集》，于瓚爲翼主簿，兵曹參軍，後爲建威將軍。《晋中興書》云：翼病卒，而大將于瓚等作亂，翼長史江虨誅之。于瓚乃是翼將，不載有注解《漢書》。然瓚所採衆家音義，自服虔、孟康以外，並因晋亂湮滅，不傳江左。而《高紀》中瓚案《茂陵書》、《文紀》中案《漢禄秩令》。此二書亦復亡失，不得過江。明此瓚是晋中朝人，未喪亂之前，故得具見先輩音義及《茂陵書》、《漢令》等耳。蔡謨之江左，以瓚二十四卷散入《漢書》，今之注也。若謂爲于瓚，乃是東晋人，年代前後，了不相會，此瓚非于，足可知矣。又案《穆天子傳》目録云，秘書校書郎中傅瓚校。今《漢書音義》臣瓚所案，多引《汲書》，以駁衆家訓義，此瓚疑是傅瓚。瓚時職典校書，故稱臣也。師古又曰：後人斟酌瓚姓，附之傅族耳，既無明文，未足取信。

郭璞 字景純，河東人，晋弘農太守，止注《相如傳》序及《游獵詩》序。

蔡謨 字道明，陳留考城人，東晋侍中、五兵尚書，贈司空，謚文穆公。

崔浩 字伯深，清河人，後魏侍中、撫軍大將軍，封東郡公，撰《漢紀音義》。景祐校本作伯淵。

顔氏所注重複

顔氏所注，評核諸家，最爲詳的。然有無俟音詁失之冗贅者。字之初見，既已加釋，自此而下不必再舉矣。試掇其重複太甚者：如鄉讀曰

嚮，解讀曰懈，與讀曰豫，雍讀曰壅，道讀曰導，繇讀曰傜，畜讀曰蓄，視讀曰示，艾讀曰乂，説讀曰悦，竟讀曰境；飭與敕同，繇與由同，毆與驅同，晻與暗同；婁古屢字，墜古地字，鑲古餉字，犇古奔字之類，何啻百數，皆過於複且重者。又如休者美也，蕃者多也，烈者業也，稱者副也，靡者無也，滋者益也，圖者謀也，耗者減也，貸者假也，卒者終也，悉者盡也，給者足也，寖者漸也。以上字義，初非深隱，何必重出？往往再見於一板之内，如此繁雜，不可勝載。又如豁、仇、恢、坐、邾、陝、治、脱、攘、蓺、亘、綰、顓、擅、酣、倖、重、禺、俞、選等字，亦用切脚，可以省矣。又如《項羽》一傳，伯讀曰霸，凡四言之。若相國何、相國參、太尉勃、太尉亞夫、丞相平、丞相吉，亦注爲蕭何、曹參。三代必曰夏、商、周，威、文、顔、閔必曰齊威、晉文、顔淵、閔子騫。讀是書者，要非童蒙，豈不曉是哉！顔氏《叙例》云：『至如常用可知，不涉疑昧者，衆所共曉，無煩翰

墨。』殆反是矣。志中尤爲叢脞。以此知《漢書》注亦用修整一番乃佳。

御詮定漢書 八十七卷。

唐高宗與郝處俊等撰。

漢書注

晋灼《漢書集注》十三卷。 敬播《漢書注》四十卷。

陸澄《漢書注》一卷。齊光禄大夫。

右《漢書》注凡三家，師古所引者晋灼而已。

漢書考

劉寶《漢書駁義》二卷。晋安北將軍。 姚察《漢書定疑》二卷。陳吏部尚書。

顔游秦《漢書決疑》十二卷。 李喜《漢書辨惑》三十卷。

《前漢考异》一卷 失姓氏。

漢書雜傳

姚察《漢書訓纂》三十卷。 姚察《漢書集解》一卷。

元懷景《漢書議苑》開元右庶子，謚曰文。 姚珽《漢書紹訓》四十卷。

諸葛亮《論前漢事》一卷。 陸澄《漢書新注》一卷。

韋稜《漢書續訓》三卷。梁北平諮議參軍。 項岱《漢書叙傳》五卷。

務静《漢書正義》三十卷。唐僧。 顔胤《漢書集義》二十卷。

沈遵《漢書問答》五卷。

《漢疏》四卷 梁有《漢書音》九卷，劉孝標注《漢書》一百四十卷，陸澄注《漢書》一百二卷，梁元帝注《漢書》一百十五卷，今亡。

右漢考五家，雜傳十二家，深稽而詳訂，互有可考。古之史出於一人之手，尚有差謬，以俟刊辨，況後之爲史者耶？

漢書音義

應劭《音義》二十四卷。 服虔《音訓》一卷。

韋昭《音義》七卷。 劉顯《音》二卷。宋潯陽太守。

夏侯泳《音》二卷。 蕭該《音義》十二卷。國子博士。

包愷《音》十二卷。廢太子勇命包愷等。 孟康《音義》九卷。

諸葛亮《音》一卷。 晋灼《音》七卷。

崔浩《音》一卷。 劉嗣《音義》二十六卷。

敬播《音義》十二卷。 孔文祥《音義鈔》一卷。

陰景倫《律曆志音》一卷。 劉伯莊《音義》二十卷。

右音義十六家，師古所援引者五家。如蕭該《音義》最爲精詳，而師古遺之。先儒頗謂師古於該議論矛盾，故所不録。以是知書之遺落者，

蓋不止此而已。其後於師古者，固不論也。

漢書諸家本

宋景文公祁參校凡用諸本：

古本 顔師古未注以前本。

唐本 張唐公家所得唐本。

江南本 《金坡遺事》云：「太祖平江南，賜本院書二千卷，皆紙札精妙。」東原榮氏私記云：「江南本，宣和間出在御府，故流傳人間。」初外氏先君丁常韓通籍睿思殿，因見江南本，愛賞之，無緣借出參校，遂以薄紙，分手抄録，及歸各寫於家，幾年而後畢。

舍人院本 江南本在舍人院，亦曰舍人院本。

淳化本 《國朝會要》曰：「淳化五年七月，詔選官分校《史記》前、後《漢》。命陳充、阮思道、尹少連、趙況、趙安仁、孫何校前、後《漢》，校畢，遣内侍裴愈賫本就杭州鏤板。」

景德監本 《國朝會要》曰：「咸平中，真宗命刁衎、晁迥、丁遜覆校《兩漢書》板本。迥知制誥，以陳彭年同其事。景德二年七月，衎等上言：《漢書》歷代名賢注釋，至有章句不聞，名氏交錯，除無考據外，博訪群書，遍觀諸本校定。凡三百四十九卷，簽正二千餘字，録爲六卷以進。」

景祐刊誤本 景祐元年，秘書丞余靖上言：國子監所印《兩漢書》，文字舛僞，恐誤後學。臣參括衆本，旁據他書，列而辨之，望行刊正。詔送翰林學士張觀等詳定。聞奏，又命國子監直講王洙與靖偕赴崇文院讎對。二年九月，校書畢，凡增七百四十一字，損二百一十二字，改正一千三百三十九字。

又有我公本，今不詳何人。燕國本，曹大家本，陽夏公本，晏本，郭本，姚本，浙本，閩本。其外又有熙寧本，熙寧二年，參知政事趙抃進新校《漢書》五十册，及陳繹所著《是正文字》七卷。宣和本，宣和六年國子監本。張集賢本。張瓌得唐世本校。

後漢書

宋太子詹事范曄撰。曄字蔚宗，順陽人。元嘉中，左遷宣城太守，不得志。乃删衆家《後漢書》爲一家史，紀十，志十，傳八十，凡百篇。

二

范曄既造《後漢》，轉得統緒。詳觀古今著述及評論，殆少可意者。

班氏最有高名，既任情無例，不可甲乙辨。後贊於理近無所得，唯志可

推耳。博贍可不及之，整理未必愧也。吾雜傳論，皆有精意深旨，既有裁味，故約其辭句。至於《循吏》以下，及《六夷》諸序論，筆勢縱放，實天下之奇作，其中合者，往往不減《過秦篇》。嘗共比方班氏所作，非但不愧之而已。欲遍作諸志，《前漢》所有者悉令備，雖事不必多，且使見文得盡。又欲因事就卷內發論，以正一代得失，意復未果。贊自是吾文之杰思，殆無一字空設，奇變不窮，同合异體，乃自不知所以稱之。此書行，故應有賞音者。紀、傳例爲舉其大略耳，細意甚多，自古體大而思精，未有此也。《宋書》傳。

三

曄元嘉元年，左遷宣城太守，不得志。乃刪衆家《後漢書》爲一家之作，至於屈伸榮辱之際，未嘗不刻意焉。自序略曰：『吾少懶學問，

年三十許，始有尚爾。既造《後漢》，轉得統緒。詳觀古今著述及評論，殆少可意者。班氏最有高名，既任情無例，唯志可推爾。博贍可不及之，整理未必愧也。吾雜傳論，皆有精意深旨，至於《循吏》以下，及《六夷》諸序，筆勢縱放，實天下之奇作，其中合者，往往不減《過秦篇》。嘗共比方班氏所作，非但不愧之而已。贊自是吾文杰思，殆無一字空設，奇變不窮，同合异體，乃自不知所以稱之。此書行，故應有賞音者。紀、傳例爲舉其大略耳，諸細意甚多，自古體大而思精，未有此也。恐世人不能盡知，貴古賤今，所以稱情狂言爾。』范曄之傳，其失尤多。若薛宣之忠毅，而概之以《酷吏》；鄭衆之嚴明直諒，而概之以《宦者》；蔡琰忍耻妻胡，概之《烈女》；王忳深仁厚義，概之《獨行》，若此之類衆矣。《南史》。

范曄在《獄中與諸甥侄書》曰：『吾既造《後漢》，詳觀古今著述及評論，殆少可意者。班氏最有高名，既任情無例，不可甲乙，唯志可推耳。博贍可不及之，整理未必愧也。吾雜傳論，皆有精意深旨，至於《循吏》以下，及《六夷》諸序論，筆勢縱放，實天下之奇作，其中合者，往往不減《過秦篇》。嘗共比方班氏所作，非但不愧之而已。贊自是吾文之杰思，殆無一字空設，奇變不窮，同合异體，乃自不知所以稱之。此書行，故應有賞音者。自古體大而思精，未有此也。』曄之言張詡如此，自謂可過班固。觀其所著序論，如《鄧禹》《竇融》《馬援》《班超》《郭泰》諸篇，略具氣象，然亦何能企固萬一耶？

後漢書

謝承《後漢書》一百三十卷，又録一卷，無帝紀。吴武陵太守。

司馬彪《續漢書》八十三卷。晉秘書監，字紹統，高陽王睦之長子。專精學習，博覽群籍。以漢氏中興，訖於建安，忠臣義士，亦以昭著，而時無良史，記述煩雜，譙周雖已刪除，然猶未盡，安順以下，亡缺者多。彪乃討論衆書，綴其所聞，起於世祖，終於孝獻，編年二百，録世十二，通綜上下，旁貫庶事，凡八十篇，號曰《續漢書》。

劉義慶《後漢書》五十八卷。

華嶠《後漢書》九十七篇。唐得三十一卷。晉少卿，字叔駿，才學深博，博聞多識，屬書典實，有良史之志。

謝沉《後漢書》一百二十二卷。又《外傳》十卷。字行思，晉祠部郎。《晉史》曰：『沉著《後漢書》，才學在虞預之右，何充、庾冰稱其有史才。』

薛瑩《後漢書》一百卷。晉散騎常侍。

袁山松《後漢書》一百一卷，又録一卷。晉秘書監袁喬之子，博學有文章，著《後漢書》百篇。

蕭子顯《後漢書》一百卷。梁有，隋亡。梁吏部尚書，爲吴興太守，字景陽。

按：後漢明帝詔班固、陳宗、尹敏、孟冀撰《世祖本紀》及《建武功臣傳》。又詔劉珍、李尤等撰建武以來至永初紀傳。又詔伏無忌、黄景

作《諸王》《恩澤侯》及《單于》《西羌》《地里志》，邊韶、崔寔、朱穆、曹壽作《皇后》《外戚傳》《百官表》《順帝功臣傳》。凡百十四篇，曰《漢記》。嘉平中，馬日磾、蔡邕、楊彪、盧植又續《漢記》。至吴謝承作《漢書》，司馬彪作《續漢書》，華嶠、謝沉、袁崧又作《後漢書》，往往皆因《漢記》之舊爲之，是固爲有所據依。而曄史又出於諸史之後，尤爲有據依者乎。

本朝劉攽，嘉祐八年奉詔與錢藻、楊褒、姜潛、麻延年、李寔、劉仲章刊正定《漢書》。後二年，皆遷他官，唯攽卒業。乃悉增損刊改及正定字畫，集爲一書。

二

謝承、司馬彪、薛瑩、謝沉《後漢書》，先儒最稱其精，今是書不復可見，乃略採其精語一二。謝承史云：『徐孺子清妙高峙，超世越俗。』司馬彪史云：『蔡伯喈通達有雋才，博學善屬文，伎藝術數，無不精練。郭林宗處約味道，不改其樂。李元禮曰：「吾見士多矣，無如林宗者也。」及卒，蔡伯喈爲作碑，曰：「吾爲人作銘，未嘗不有慚容，唯郭有道碑頌無愧耳。」』薛瑩史云：『李元禮抗志清妙，有文武雋才。』又曰：『李膺、王暢、荀緄、朱寓、魏朗、劉祐、杜楷、趙典爲八俊。』謝沉史曰：『俊者，卓出之名也。』諸人史句如此，可曰精矣。

後漢書注

劉昭補注《後漢書》三十卷。

初范曄令謝儼撰《後漢書志》，搜次垂畢，會曄伏誅，儼悉蠟以覆車，一代爲恨。梁世，劉昭得舊志，乃補注，爲三十卷。昭字宣卿，平原

人，爲臨川王記室。

唐章懷太子注

唐章懷太子賢，招集一時學士右庶子張太安、洗馬劉訥言、洛州司户革希玄、學士許叔牙、成玄一、史藏諸、周贊寧輩同爲注，儀鳳中奏上。

後漢書雜傳

王韶《後漢林》二百卷。　謝沉《後漢書外傳》十卷。

後漢書考

劉攽《東漢刊誤》。

嘉祐七年，上讀《後漢書》，見『墾田』字皆作『懇』字，敕侍臣傳詔中書使正之。時劉攽爲國子監直講，奉詔與錢藻、楊褒、姜潛、麻延年、李寔、劉仲章分校。後二年，皆遷他官，攽獨卒業。攽云此書自三館及民家無他好本，率以己意定之。學者且疑其不然，雖攽亦未敢必。

後漢書音

韋闡《音》二卷。　劉芳《音》一卷。後魏太常。

韋機《音》二十七卷。　臧競《音》三卷。陳宗道先生。

蕭該《音》三卷。

三國志

《魏國志》三十卷。　《蜀國志》十五卷。

《吴國志》二十卷。

晋太子庶子陳壽撰。壽字承祚，巴西人。凡魏紀四，傳四十，吴傳二十，蜀傳十五。時人稱其善叙事。宋文帝嫌其略，命國子博士裴松之補注，鳩集傳記，增廣异聞，輯爲一書。既成，奏之，上覽之曰：『裴世

期爲不朽矣。』松之，字世期，河東人。陳壽撰魏、吴、蜀《三國志》，凡六十五篇，時人稱其善叙事，有良史之才。夏侯湛時著《魏書》，見壽所作，便壞己書而罷。張華深善之，謂壽曰：『當以《晋書》相付耳。』或云丁儀、丁廙有盛名於魏，壽謂其子曰：『可覓千斛米見與，當爲尊公作佳傳。』丁不與之，竟不爲立傳。壽父爲馬謖參軍，謖爲諸葛亮所誅，壽父亦坐被髡，諸葛瞻又輕壽。爲亮立傳，謂『亮將略非長，無應敵之才』，言『瞻惟工書，名過其實』。議者以此少之。

二

尚書郎范頵表曰：『治書侍御史陳壽作《三國志》，辭多勸誡，明乎得失，有益風化。雖文艷不及相如，而質過之。願垂採録。』詔河南尹、洛陽令就家寫其書。壽又撰《古國志》五十篇，《益都耆舊傳》十篇，餘文章傳於世。

三

崔浩以毛循之中國舊人，雖學不博洽，而猶涉獵書傳，每與論説，遂及陳壽《三國志》，有古良史之風。其所著述，文義典正，皆揚於王庭之言，微而顯，婉而成章，班史以來無及壽者。循之曰：『昔在蜀中，聞長老言，壽曾爲諸葛門下書佐，得撻百下，故其論武侯云「應變將略，非其所長」。』浩乃與論曰：『夫亮之相劉備，當九州鼎沸之會，英雄奮發之時，君臣相得，魚水爲喻。而不能與曹氏争天下，委弃荆州，退入巴蜀，誘奪劉璋，僞連孫氏，守窮崎嶇之地，僭號邊夷之間。此策之下者，可與趙它爲偶，而以爲蕭、曹、亞匹，不亦過乎？』謂壽貶亮，非爲失實。《後魏書》。

自司馬氏史至五代史，數千百年，正統偏霸與夫僭竊亂賊甚衰至微之國，雖如夷狄，而史未有不書其國號者。陳壽志三國，乃獨不然。劉備父子在蜀四十餘年，始終號漢，是豈可以蜀名哉？其曰蜀者，一時流俗之言耳。壽乃黜正號而從流俗，史之公法，國之正統，輒皆失之，則其所書，尚可信乎？且是時世稱備爲蜀者，猶五代稱李璟爲吴，稱劉崇爲晉者耳。今《五代史》作《南唐》《東漢世家》，未嘗以吴、晉稱史。荆公曰：『五代之事不足書，何足煩公。三國可喜事甚多，率壞於陳壽，公其成之。』公雖深然，未暇作也。予遂作《蜀漢書》，系蜀以漢，尚庶幾乎？

三國志

《漢魏吴蜀舊事》八卷。

魏氏别史

《魏武本紀年曆》五卷。

王沈《魏書》四十八卷。晉司空，字彦伯，高平人，有俊才。沈仕魏，正元中，遷散騎常侍，與荀顗、阮籍共撰《魏書》，多爲時諱，未若陳壽之實。

《魏紀》十二卷。左將軍陰澹撰。

魚豢《魏略》五十卷。

梁祚《魏國統》二十卷。

何常侍《論三國志》九卷。

《魏末傳》二卷。梁有《魏大事》，隋亡。

右魏氏别史五家，蓋可與陳壽志參考而互見者，亦一時記載之雋也。而魚豢《典略》特爲有筆力。

魏志音

盧宗道《音》一卷。

蜀别史

元魏李彪嘗言：「孔明在蜀，不以史官留意。」今蜀史比魏、吴獨疏略，其在此乎？

王隱《刪補蜀記》七卷。

吴别史

韋昭《吴書》五十五卷，殘缺。　《吴書實録》三卷。

環濟《吴紀》十卷。晋太學博士。　胡冲《吴曆》六卷。

張勃《吴録》三十卷。

魏、吴雜史，大段壞致，掇其數辭，足以知諸公辭藻之競秀者。魚豢《魏略》云：李安國豐識别人物，海内注意。明帝得吴降人，問江東聞中國名士爲誰？以安國對之。又云：許士宗允少與清河崔贊俱發名於冀州。又云：阮德如侃有俊才，而飾以名理，風儀雅潤，與嵇康爲友。又云荀文若或爲人英偉，折節待士，坐不累席，其在臺閣間，不以私欲撓

意。韋昭《吴書》云：諸葛瑾避亂渡江，大皇帝取爲長史，遣使蜀，但與弟亮公會相見，退無私面，而又有容貌思度，時人服其弘量。環濟《吴記》云：全子黄琮有德行義概。又曰：張子布昭忠正有才義。張勃《吴録》云：陸凱忠鯁有大節，篤志好學。又曰：孫策少有雄姿風氣。然方是時，士爽乎用，史嚓乎守，幾於國异政，家殊俗矣。魚豢而下，各書一時之事，豈無俟於後人者？嗟夫！

晋書

王隱《晋書》九十三卷。隱及郭璞俱爲著作郎，撰《晋史》。時著作郎虞預私撰《晋書》，而生長東南，不知中朝事，數訪於隱，并借隱所著書竊寫之，所聞漸廣。家貧無資用，乃依征西將軍庾亮於武昌，供其紙筆，書乃得成，詣闕上之。隱雖好著述，而文辭鄙拙，蕪舛不倫。其書次第可觀者，皆其父所撰也。

謝沉《晋書》三十卷。　虞預《晋書》五十八卷。晋散騎常侍，字叔寧。史云：著《晋書》四十餘卷，行於世。

朱鳳《晋書》十四卷，未成，訖元帝。晋中書郎。　謝承《晋書》三十六卷，又録一卷。宋臨川内史。

臧榮緒《晉書》一百十卷。齊信州主簿。　蕭子雲《晉書》一百二卷，殘缺。
干寶《晉書》二十二卷，殘缺。　沈約《晉書》一百十卷。梁尚書僕射，字休文，吳興人。
鄭忠《晉書》七卷。
右晉人及宋齊人所撰《晉書》共十家，晉之事詳且精矣。又有何法盛宋河東太守。撰《晉中興書》七十八卷，起東晉事有可稽，辭有可述。則知唐太宗詔群臣所撰，如之何其不該且核而妙於辭製哉！徐堅亦曾撰《晉書》一百十卷。

王隱《晉書》語

元凱智謀淵博，明於治亂，常稱立德者非所企及，立功、立言所庶幾也，每有大事，輒在將帥之限。

王戎少清明曉悟。

祖士言最治行操，能清言。祖納。

嵇廷祖有奇才雋辯。嵇紹。

謝沉《晉書》語

竇武、劉淑、陳蕃，少有高操，海内尊而稱之。

虞預《晉書》語

荀公曾十餘歲能屬文，外祖鍾繇曰：此兒當及其曾祖荀勖。山季倫平雅有父風。

和嶠厚自封植，嶷然不群。

刁協多所博涉，中興制度皆稟於協。

温嶠少標俊，清澈英穎。

沈約《晉書》語

周顗，王敦素憚之，見輒面熱，雖復臘月，亦扇面不休，其憚如此。

朱鳳《晉書》語

元帝叡，字景文，少而明惠，因亂過江起義，遂即位，謚法曰：始建國都曰元。叙事甚簡净。

臧榮緒《晉書》語

謝叔源善屬文。

張孟陽有才華。

王正長博學有雋才。

石季倫早有智慧。

左太冲博覽文史。

阮嗣宗容貌瓌杰，志氣閎放。

《晉安帝紀》語

江仲凱以義正器素，知名當世。江敳。

戴安道少有清操，惟甚快暢，泰於娛生，多與風流者游，屢辭徵命，遂著高尚之稱。

羲之風骨清舉。

右王隱、謝沈、虞預、沈約、朱鳳《晉書》，世不可見，各録其瓌精一二於前，斯足以表諸公才之雋，筆之英矣。《晉安帝紀》中句，亦甚美，並録之。

唐御撰晉書 一百三十卷。

初晉史十八家，太宗以爲未善，詔令再撰。房玄齡與褚遂良、許敬宗奉詔增損，以臧榮緒舊書爲本，又摭採諸家傳記而益附之，爰及晉代

文集，罔不畢舉。命來濟、陸元仕、劉子翼、李淳風、李義府、薛元超、上官儀、崔行功、辛丘馭、劉引之、陽仁卿、李延壽、張文恭分撰。令狐德棻、敬播、李安期、李懷儼、趙汝智考正類例。作紀十，志二十，列傳七十，載記三十，合百三十卷。史之凡例，多出於令狐德棻、敬播。《天文》《律曆》則李淳風專之。太宗所著宣、武二帝，陸機、王羲之四論，皆稱制焉。

晉書注

高希嶠《注》一百三十卷。開元二十年上。清池主簿。

晉書音

何超《音》三卷。唐處士。

宋書

徐爰《宋書》六十五卷。宋中散大夫。　孫嚴《宋書》六十五卷。齊冠軍録事參軍。

沈約《宋書》一百卷。

右宋代史所傳者，沈約爲最。姚察陳吏部尚書。稱其『高才博洽，名亞遷、董』，蓋一代之英偉焉。按齊永明中，沈約奉詔撰，爲記十，志九，傳六十，合百卷。本何承天舊書，採山謙之、徐爰、蘇寶生諸説，號爲博洽，而志乃兼述魏晉，論者以爲失於限斷。《崇文總目》：闕《趙倫之傳》一卷，今本有之。而《到彦之傳》卷末殘缺。又有王智深，梁人，著《宋書》六十一卷，亦殘缺。

齊書

蕭子顯《齊書》六十卷。梁人。詳見《後漢書》。　劉陟《齊書》十三卷。

齊別史

沈約《齊紀》二十卷。　劉陟《齊紀》十三卷。

江淹《齊史》十三卷。　王劭《齊志》後齊事。

吳兢《齊史》十卷。

初江淹已筆《齊史》，爲十志。沈約又著《齊紀》。而子顯自表武帝，別爲此書。沈約嘗稱其得明道之高致，蓋《幽通》之流也。子顯更採《後漢》，考正同异，爲一家書。又吳均欲撰《齊書》，求借《齊起居注》及《群臣行狀》，武帝不許，遂私撰奏之，稱帝爲齊明帝佐命。帝惡其書不實，使中書舍人劉之遴詰問數十條，竟支離無對，敕付省焚之，坐免職。

本朝曾鞏、趙若、孫覺、尹洙、蘇洵諸公校正館書，嘗論齊史，謂子顯之於斯文，喜自馳騁，其更改破析，刻琱藻繢之變尤多，而其文益下，豈夫材固不可强而有耶？然其表曰：『素不知户口，故《州郡志》輒不載。天文復秘，故不私載，而此志但紀灾祥而已。』按本傳爲《齊書》六十卷，今但五十九卷。

梁書

謝炅《梁書》四十九卷。梁中書郎。　姚思廉《梁書》五十六卷。唐弘文館學士。思廉名簡，以字行，萬年人。

梁別史

陰僧仁《梁撮要》二十卷。陳征南諮議。　許亨《梁史》五十三卷。陳領軍、大著作郎。

《梁太清録》八卷。　《梁末代紀》一卷。

《梁二典》附《史典彙》。　《梁後略》附《史典彙》。

《梁紀》附《紀彙》。　吳兢《梁史》十卷。

初太宗詔秘書監竇璡、歐陽詢、姚思廉共撰《梁史》。思廉父察，仕陳，大建中嘗修梁、陳史，未就。思廉因父書，又採謝炅舊史裁成之。其

總論出於魏徵。

陳書

陸瓊《陳書》四十二卷。陳吏部尚書。　傅縡《陳書》三卷。

顧野王《陳書》三卷。　吴兢《陳史》五卷。

思廉採謝炅、顧野王等諸家言，推究總括，爲梁、陳二家史，同上。

後魏書

魏收《後魏書》一百三十卷。後齊僕射，字伯起，鉅鹿人。《三國典略》曰：『齊主以魏收之卒，命中書監陽休之裁正其所撰《魏書》。休之以收叙其家事稍美，且寡才學，淹延歲時，竟不措手，唯削去嫡庶一百餘字。』

魏澹《後魏書》一百七卷。隋著作郎。　張太素《後魏書》一百卷，今惟有《天文志》二卷。

裴安時《元魏書》三十卷。

初令狐德棻建言：『近代無正史，梁、陳、齊，文籍猶可據，至周、隋，事多脱損。今耳目尚相及，史有所憑，一易世，事皆汩暗，無所綴緝。陛下受禪於隋，隋承周，二祖功業多在周。今不論次，各爲一王史，則先烈世庸不光明，後無傳焉。』帝謂然。詔中書令蕭瑀、給事中王敬業、著作郎殷聞禮主魏。議者以魏有魏收、魏澹二家爲已詳，乃輟。按天保中，收奉詔採拾遺軼，綴續舊事，作紀十，志十，傳九十二。表上，悉焚崔浩、李彪等舊書。收黨齊毁魏，褒貶肆情，時以爲穢史。獨楊愔等助之，故其書漸行。隋文帝以其不實，詔魏澹更作。收史闕紀二卷，傳二十二卷，《太宗紀》則補以魏澹所作，《静帝紀》則補以高峻《小史》。

北齊書

李德林《北齊書》二十四卷，修未成。百藥之父也。　張太素《北齊書》三十卷。

李百藥《北齊書》五十卷。唐中書舍人，字重規，定州人。

太宗詔李百藥次齊史。唐史臣稱百藥『翰藻沉鬱，所撰《齊史》行於時』。按百藥父德林先在齊，已作紀、傳。百藥乃因其舊，又避唐諱易其文，議者非之。

後周書

牛弘《周史》十八卷，未成。陳吏部尚書。　令狐德棻《後周書》五十卷。唐秘書丞，宜州人。

吴兢《周史》十卷。

德棻言周、隋事多脱損，乃命德棻與秘書郎岑文本、殿中侍御史崔仁師次周史。是時預東者十有八人，德棻爲先進，故類例多所諏定。初周柳虯、隋牛弘各嘗論次，率多抵牾。德棻奉詔，與陳叔達、庾儉同加修纂歷年。至是，復詔與文本、仁師撰成。玄齡等既上《五代史》，太宗勞之曰：『朕睹前代史書，彰善癉惡，足爲將來之誡。秦始皇奢淫無度，焚書坑儒，用緘談者之口。隋煬帝雖好文儒，尤疾學者，前世史籍，竟無所成，數代之事，殆將泯絶。朕意則不然，將欲覽前王之得失，爲在身之龜鏡。公輩以數年之間，勒成五代之史，副朕深懷，極可嘉尚。』

隋書

張太素《隋書》三十卷。

王劭《隋書》六十卷，未成。秘書監。劭所著《隋書》，多採迂怪不經之語，辭義繁雜，遂使隋惡之迹，湮滅無聞。

《隋志》二十卷。　吴兢《隋史》二十卷。

唐修隋書

一百十五卷。

唐正觀中，詔諸臣分修五代史。顔師古、孔穎達撰次隋事，起文帝，作三紀，五十列傳，惟十志未奏。又詔於志寧、李淳風、韋安化、李延壽、令狐德棻共加裒綴，高宗時上之。志乃上包梁、陳、齊、周，參以隋事，析

爲三十篇，號《五代志》，與書合八十五篇。按《隋志》極有倫類，而本末兼明，準《晋志》可以無憾，遷、固以來，皆不及也。正以班、馬祇尚虚言，多遺故實，所以三代紀綱，至八書十志，幾於絶緒。《隋志》獨該五代，南北兩朝紛然殽亂未易貫穿之事，讀其書則了然如在目，良由當時區處各當其才。顔、孔通古今而不明天文地里之學，故但修紀、傳，而以十志專之志寧、淳風，顧不當哉！

唐書

吴兢《唐書》一百卷。浚儀人。兢私撰《唐書》《唐春秋》，未就，丐官筆札。詔兢赴館撰録，坐書事貶荆州司馬，以史草自隨。蕭嵩領國史，遣使就取書，得六十餘篇，敘事簡核，號良史。肅宗詔柳芳與韋述綴輯吴兢所次國史，會述死，芳續成之。興高祖，訖乾元，凡百三十篇。敘天寶事不倫，史官病之。

韋述《唐書》一百三十卷。初令狐德棻、吴兢等撰武德以來國史，皆不能成。述因二家，參以後事，遂分紀、傳，又爲例一篇。述掌國史餘四十年，任史官二十年，韋弘機之孫也。史稱其史才博識。蕭穎士稱其文約事詳，譙周、陳壽之流。

李翺《答皇甫湜書》曰：『近寫得《唐書》，史官才薄，言詞鄙淺，不足以發揚高祖、太宗列聖明德，使後之觀者，文彩不及周、漢之書。僕以爲西漢十一帝，高祖布衣定天下，豁達大度，東漢所不及。其餘唯文、宣二帝爲優，自惠、景以下，亦不皆明於東漢明、章兩帝。而前漢事迹灼然傳在人口者，以司馬遷、班固敘述高簡之工，故學者悦而習焉，其讀之詳也。足下讀范曄《後漢書》、陳壽《三國志》、王隱《晋書》，生熟何如左丘明、司馬遷、班固書之温習哉？故温習者事迹彰，而罕讀者事迹晦，讀之疏數，在詞之高下，理必然也。唐有天下，聖明繼於周、漢，而史官叙事，曾不如范曄、陳壽所爲，况足擬望左丘明、司馬遷、班固之文哉？』

韓愈《答劉秀才書》曰：『唐有天下二百年矣，聖君賢相相踵，其餘文武之士立功名跨越前後者，不可勝數，豈一人卒能紀而傳之哉？僕

年志已衰退，不可自爲。』嗚呼！以愈而有是言，况他人乎？

劉昫《唐書》二百卷。昫，涿郡人。

按後唐起居郎賈緯言：『唐高宗至代宗已有紀傳，德宗至濟陰廢帝凡六代，唯有《武宗實録》，餘皆闕略。今採訪遺文及耆舊傳説，編成六十五卷，目曰《唐朝補遺録》，以備將來史官修述。』至開運二年，史館上新修前朝李氏紀、志、列傳共五百二十卷，賜監修宰臣劉昫、史官張昭遠、直館王仲等繒彩銀器有差。又按歐陽修《五代史·劉昫傳》，祇載明宗時爲監修國史，殊不及唐史之績，蓋昭遠輩所成也。

皇宋修唐書 二百二十五卷

慶曆五年，詔王堯臣、張方平等翰林學士。刊修《唐書》。皇祐元年，以宋祁翰林侍讀。爲刊修官。至和元年，又命歐陽修、宋祁刊修。龍圖閣學士。乃撰紀十、志五十、表十五、傳百五十。嘉祐五年，提舉宰臣曾公亮上之。公亮曰：『唐有天下幾三百年，其君臣行事之始終，所以治亂興衰之迹，與其典章制度之美，宜其粲然著在方册，而紀次無法。』乃詔修等討論删定，事則增於前，文則省於舊。其屬則范鎮、知制誥。王疇、知制誥。宋敏求、集賢校理。呂夏卿、秘書丞。劉羲叟，此蓋預進書者。又有楊察、趙概、余靖亦與焉。修嘗言：『唐自武宗以下，並無《實録》。西京内中省寺諸司御史臺及鑾和諸庫，有唐至五代以來奏牘案簿尚存，欲差呂夏卿就彼檢尋。』從之。足以見討論之至矣。祁雖作百五十傳，亦曾自作紀、志。今宋氏後居華亭者有其書。

唐書考 音附。

呂夏卿《直筆新例》一卷。夏卿預修新書，摘其繁冗闕誤，仍叙新例。温陵人。

呂夏卿《直齋新例》[illegible]

唐書者[illegible]

後周華高書有其書

從之。是以見論之至，今。[illegible]雖作[illegible]十[illegible]，亦皆其作[illegible]志。今宋代

[illegible]及鑒和議[illegible]，有唐至五代以來奏[illegible][illegible]尚存，[illegible][illegible]呂夏卿[illegible][illegible][illegible]

[illegible]。[illegible]言：「[illegible]自武宗以下，[illegible]無《實錄》，西京[illegible]中[illegible][illegible][illegible]中

呂夏卿[illegible]劉羲叟，此[illegible][illegible][illegible][illegible]言，又[illegible][illegible][illegible]，[illegible][illegible]，[illegible][illegible]亦[illegible]

定，[illegible][illegible][illegible][illegible]前，文明[illegible][illegible][illegible]。其[illegible]則[illegible][illegible]，[illegible][illegible]宋[illegible]宋，

其典章制度之美，宜其[illegible][illegible]書[illegible]方[illegible]，[illegible]紀[illegible][illegible]於一方[illegible][illegible][illegible]論[illegible]

曰：「[illegible]有天下幾三百年，其[illegible][illegible]行事之[illegible][illegible][illegible]以[illegible][illegible][illegible][illegible]之[illegible]，與

十[illegible]志五十，表十五，[illegible][illegible]五十[illegible][illegible][illegible]年，[illegible][illegible][illegible][illegible][illegible][illegible][illegible]公[illegible]

史部

宋祁[illegible]為刊修官。至和元年，又命歐陽修[illegible][illegible][illegible][illegible][illegible][illegible]

[illegible][illegible]五年，詔王[illegible]、[illegible]方平[illegible][illegible][illegible]《唐書》[illegible][illegible][illegible]元年，以

皇宋[illegible][illegible]書[illegible]

[illegible]明宗時[illegible][illegible][illegible]國史，[illegible]不[illegible]唐史之[illegible]，[illegible][illegible][illegible][illegible][illegible]也。

[illegible][illegible]，[illegible][illegible]王[illegible][illegible][illegible][illegible][illegible][illegible]言 又[illegible][illegible][illegible][illegible]《五代史》，[illegible][illegible][illegible]》，[illegible]

[illegible][illegible][illegible][illegible]前朝[illegible][illegible]紀、志、列傳，共五百二十卷，[illegible][illegible][illegible][illegible][illegible][illegible]，[illegible][illegible][illegible]

六十五卷，曰《[illegible][illegible][illegible][illegible]》，以[illegible][illegible][illegible][illegible]。[illegible][illegible][illegible][illegible][illegible]一年[illegible]史

[illegible]凡六代，唯有《武宗實錄》，[illegible][illegible][illegible]。今[illegible][illegible]文[illegible][illegible][illegible][illegible]，[illegible][illegible]

[illegible][illegible][illegible][illegible][illegible][illegible][illegible][illegible]言：「[illegible]高宗至[illegible]宗已[illegible]紀傳，[illegible]宗至[illegible][illegible]

劉昫《唐書》[illegible]

年[illegible]已[illegible][illegible]，不可[illegible][illegible]。[illegible][illegible][illegible][illegible][illegible]而[illegible][illegible][illegible][illegible]人[illegible]

吴缜《糾繆》二十卷。摘舉新書舛繆。元祐間知萬州。

唐書注

李繪《唐書補注》。二百二十五卷。繪，宣和中進士，以舊書參新書爲之注。

唐書音

董氏《唐書音》二十五卷。

五代史

薛居正等《五代史》一百五十卷。

開寶四年，詔薛居正、盧多遜等修《五代史》。七年閏月甲子書成，凡一百五十卷。而扈蒙、張澹、李昉、劉兼、李穆、李九齡皆與修其書，以《建康實録》爲準。景祐三年七月，集賢院學士知同州胡冲上所撰《五代史》七十七卷，又一書也。

歐陽修《五代史》七十四卷。

《五代新史》紀十二，傳四十五，考三，世家年譜十有一，四夷附録三，凡七十四卷。

歐公曰：『本紀因舊以爲名，即位以前其事詳，原其所自來，故曲而避之，見其起之有漸有暴也。即位以後其事略，居尊任重，所貴者大，故所書簡，惟簡乃可立法。』陳師錫序曰：『五代距今百有餘年，故老遺俗，往往垂絶，無能道説者。秉筆之士，文采不足以耀無窮。歐陽公以此自任，其事迹實詳於舊記，而褒貶義例仰師《春秋》，至於論朋黨宦女，忠孝兩全，義士降服，豈小補哉。』歐公既没，始詔其家上之。

神宗常問歐陽修所爲《五代史》如何，王安石曰：『臣方讀數册，其文辭多不合義理。』上曰：『責以義理，則修止於此，每卷後論説皆

稱。」

二

徐無黨注歐公《五代史》，其言曰：「凡諸國名號，《梁本紀》自封梁王以後始稱梁，《唐本紀》自封晋王以後始稱晋，唐自建國號唐以後始稱唐，各從其實也。自傳而下，於未封王建國之前，或稱梁，稱晋，稱唐者，史官從後而追書也。唐嘗稱晋，而石敬塘又稱晋，李昇又稱唐；劉龑已稱漢，而劉旻又稱漢，劉涉據廣州亦稱漢，劉崇據太原又稱後漢；王建已稱蜀，而孟知祥又稱蜀。石晋自爲一代，不待别而可知。唐、漢、蜀則加東、南、前、後以别其世家。梁初嘗封沛、東平，南唐初嘗稱齊，三號當時已不顯著，故皆略而不道。五代亂世，名號交雜而不常，史家撰述，隨事爲文，要於理通事見而已，覽者得以詳焉。」

五代史别史

《五代史樞要》十卷。歐陽頲撰。　《五代史補》五卷。陶丘撰。

《五代史闕文》一卷。王禹偁撰。　《梁列傳》十五卷。

《後唐列傳》三十卷。並張昭遠撰。

五代史考

《五代史纂誤》吴縝録歐陽公新史抵牾闕語，凡二百餘字。

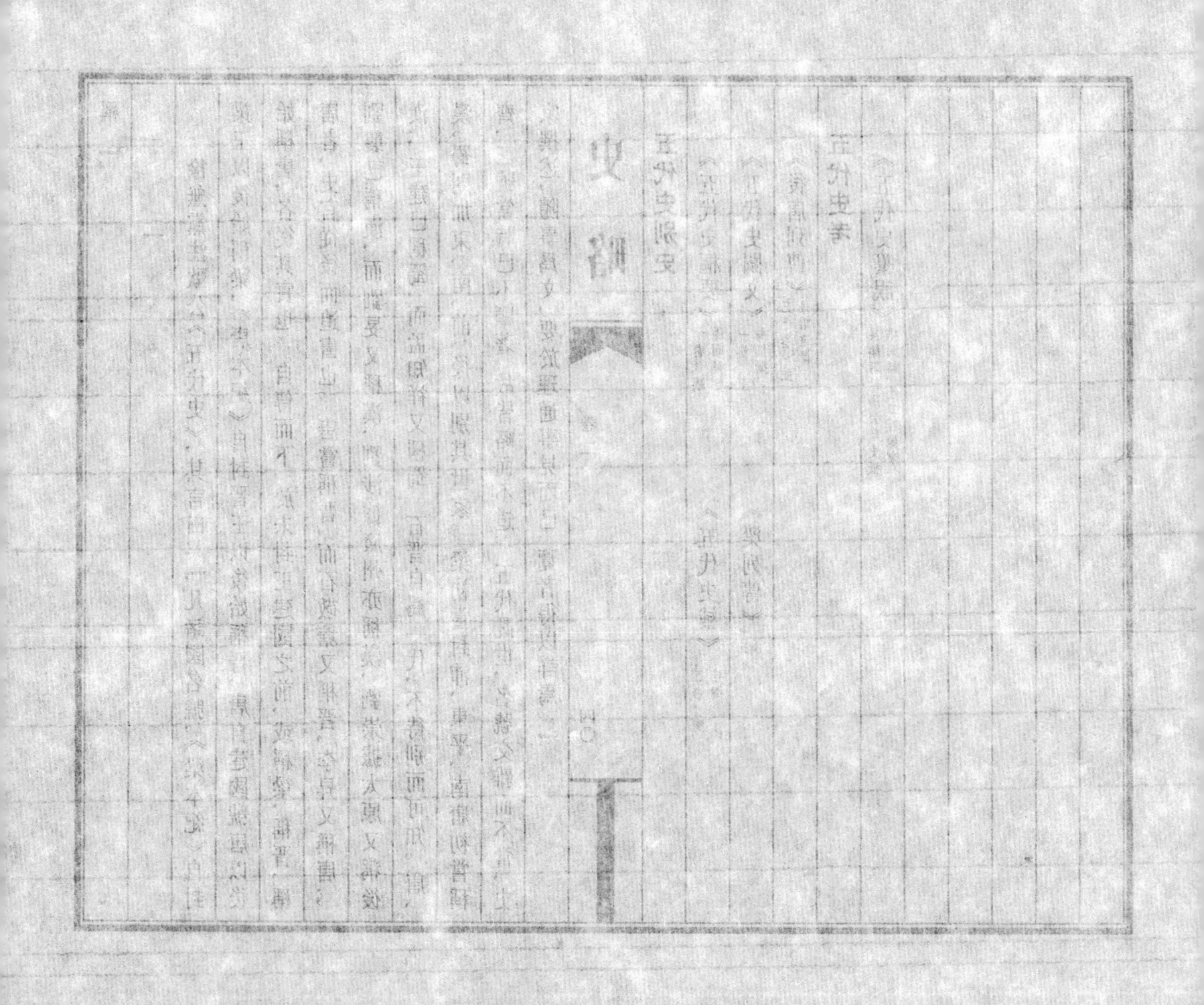